AF358235

VENTE

Du Lundi 6 Avril 1914

HOTEL DROUOT, SALLE N° 6

A DEUX HEURES

Porcelaines et Faïences

ANCIENNES

SIEGES ET MEUBLES ANCIENS

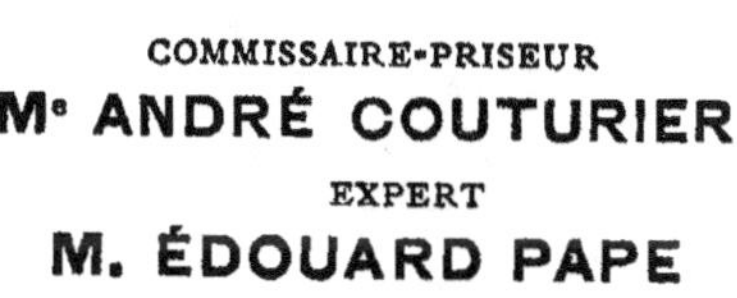

COMMISSAIRE-PRISEUR

M° ANDRÉ COUTURIER

EXPERT

M. ÉDOUARD PAPE

CATALOGUE

DES

Porcelaines et Faïences

ANCIENNES

COLLECTION DE POTS DE TOILETTE

Pots à fard, à pommades, à crème

DES FABRIQUES DE :

Appas, Boissette, Chantilly, Hœchst, Lille, Locré, Mennecy
Niederviller, Paris, Saint-Cloud
Sceaux, Sèvres, Tournai, Vincennes, etc., etc.

PENDULES

Sièges et Meubles Anciens

DONT LA VENTE AURA LIEU

HOTEL DROUOT, SALLE Nº 6

LE LUNDI 6 AVRIL 1914

A deux heures

COMMISSAIRE-PRISEUR	EXPERT
Mᵉ ANDRÉ COUTURIER	**M. ÉDOUARD PAPE**
Successeur de M. LÉON TUAI.	Expert près le Tribunal Civil de la Seine
56, rue de la Victoire	Rue du Faubourg-St-Honoré, 174

EXPOSITION PUBLIQUE

Le Dimanche 5 Avril 1914, de 2 h. à 6 h.

CONDITIONS DE LA VENTE

Elle sera faite au comptant.

Les adjudicataires paieront *dix pour cent* en sus des enchères.

Paris. — Imp. de l'Art, Cн. Berger, 41, rue de la Victoire.

DÉSIGNATION

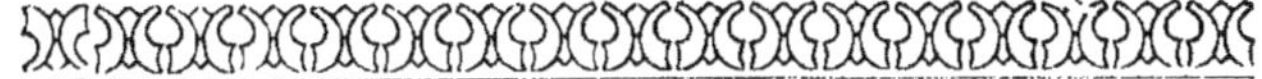

PORCELAINES ANCIENNES
POTS DE TOILETTE
POTS A POMMADE
POTS A CRÈME

1 — **Amstel.** Pot à crème, décoré de paysages animés polychromes.

2 — **Arras.** Pot à crème, à décor de dents de loup et guirlandes bleues.

3 — **Arras.** Pot à crème, décor de brindilles bleues.

4 — **Boissette** (?). Deux pots à crème, décor de fleurs polychromes.

5 — **Boissette.** Pot à crème à fleurs polychromes et dents de loup d'or.

6 — **Boissette.** Petit pot à pommade, à décor de bouquets de fleurs polychromes.

7 — **Boissette.** Pot à pommade, plus petit que le précédent, décor analogue.

8 — **Chantilly.** Pot à crème, gaufrures ondulées, à brindilles bleues.

9 — **Chine.** Pot à pommade, à décor de personnages .

10 — **Derby.** Pot à crème en pâte tendre, à décor de guirlandes bleues retenues par des nœuds jaunes.

11 — **France.** Pot à pommade, décor de bouquets de fleurs polychrome. Pâte dure.

12 — **France.** Paire de pots à pommade, décor de brindilles. Pâte tendre.

13 — **France.** Trois pots à pommade, décor camaïeu bleu. Pâte tendre.

14 — **France.** Pot à pommade, à décor de roses et de volubilis.

15 — **France.** Pot à pommade, décoré de roses, tulipes et autres fleurs polychromes.

16 — **France.** Pot de toilette, décor de bouquets de fleurs polychromes.

17 — **Höchst.** Pot à crème, décor de quadrillés or au col.

18 — **Höchst.** Pot à crème, à guirlandes de fleurs et quadrillés d'or.

19 — **Höchst.** Pot à crème, décoré de bouquets de fleurs et de paysages animés en camaïeu rose. Marqué en bleu.

20 — **Indes.** Pot à crème gaufré, à décor de bandes, rosaces et postes rose et or.

21 — **Indes.** Pot à crème, à nombreuses réserves chargées de bouquets de fleurs bleues.

22 — **Indes.** Trois pots à crème, décor de fleurs polychromes.

23 — **Indes.** Pot de toilette, décor camaïeu bleu.

24 — **La Haye.** Pot à crème en pâte tendre, à bouquets de fleurs polychromes. Marqué.

25 — **La Seinie.** Pot à crème à bouquets de fleurs et dents de loup or. Marqué.

26 — **Lille.** Paire de pots à pommade, à décor d'ornements en camaïeu bleu.

27 — **Limoges.** Pot à crème, décor de bouquets de roses et guirlandes d'or.

28 — **Locré**. Pot à crème, brindilles bleues.

29 — **Locré**. Pot á pommade, décor de branchages bleus.

30 — **Locré**. Pot de toilette décor blanc et or.

31 — **Louisbourg**. Pot à crème, décoré de bouquets de fleurs polychromes.

32 — **Mennecy**. Cinq pots à crème, à vannerie en relief et bouquets de fleurs polychromes. Marqués.

33 — **Mennecy**. Pot à crème, même décor. Non marqué.

34 — **Mennecy**. Pot à pommade, décor camaïeu bleu.

35 — **Mennecy**. Pot de toilette, finement décoré d'ornements en camaïeu bleu.

36 — **Mennecy**. Quatre pots à pommade, décorés de branchages en camaïeu bleu.

37 — **Mennecy**. Pot à pommade, décor de branchages fleuris.

38 — **Mennecy**. Pot à pommade côtelé. Porcelaine blanche.

39 — **Mennecy**. Pot de toilette, décor de fleurs polychromes.

40 — **Mennecy**. Grand pot de toilette, à décor de fleurs de pêcher en relief, sans couvercle.

41 — **Mennecy**. Petit pot de toilette quadrilobé, chargé de fleurs en relief. Porcelaine blanche.

42 — **Mennecy**. Paire de grands pots de toilette en porcelaine blanche ; monture argent. Marqués.

43 — **Mennecy**. Deux grands pots de toilette, à décor de fleurs de pêcher en relief. Porcelaine blanche ; monture argent.

44 — **Mennecy**. Grand pot de toilette, à décor de fleurs de pêcher en relief. Porcelaine blanche.

45 — **Niederviller**. Pot à crème, décor de barbeaux.

46 — **Nymphenbourg**. Pot de toilette fond bois, avec cartouche décoré d'un paysage.

47 — **Nyons**. Pot à crème, à guirlandes et fleurettes or.

48 — **Paris**. Pot à crème, décor de barbeaux. Manufacture du duc d'Angoulème.

49 — **Paris**. Deux pots à crème, décor de barbeaux.

50 — **Paris.** Pot à crème, à décor de guirlandes, losanges, fleurettes or et polychromes. Marqué : *Rousseau*.

51 — **Paris.** Pot de toilette, décor de motifs en camaïeu bleu.

52 — **Paris.** Pot à pommade, décoré de fleurettes et branchages bleu et or.

53 — **Paris.** Petit pot de toilette, à décor de fleurs et branchages or. Commencement du XIXe siècle.

54 — **Paris.** Pot à pommade, décoré de barbeaux et de bouquets de fleurs polychromes.

55 — **Paris.** Pot à pommade, décoré d'amours et de guirlandes sur fond rouge. XIXe siècle.

56 — **Paris.** Paire de petits pots de toilette en porcelaine blanche, à dents de loup or.

57 — **Paris.** Grand pot de toilette, à décor de fleurs polychromes.

58 — **Paris.** Pot de toilette, même décor, plus petit.

59 — **Paris.** Pot de toilette, décoré de guirlandes polychromes.

60 — **Paris.** Très petit pot à fard, décor polychrome.

61 — **Paris.** Pot de toilette, porcelaine blanche de Nast.

62 — **Saxe.** Deux petits pots, à décor de bouquets de fleurs polychromes.

63 — **Saint-Cloud.** Pot de toilette (sans couvercle).

64 — **Saint-Cloud.** Trois petits pots à pommade, décor camaïeu bleu.

65 — **Saint-Cloud.** Pot de toilette, décor camaïeu bleu.

66 — **Saint-Cloud.** Pot à pommade, décoré d'ornements en camaïeu bleu.

67 — **Saint-Cloud.** Pot de toilette, décor camaïeu bleu.

68 — **Saint-Cloud.** Petit pot à pommade, décor camaïeu bleu. Marque au soleil.

69 — **Saint-Cloud.** Grand pot de toilette, à décors de fleurs en relief.

70 — **Sceaux,** Trois pots à pommade, décorés de branchages bleus.

71 — **Sèvres.** Pot à crème, décor de bouquets de fleurs polychromes. Pâte dure.

72 — **Sèvres.** Pot à crème, à bandes bleues chargées de pointillés d'or. Pâte tendre.

73 — **Sèvres.** Pot à crème blanc et or. Pâte dure.

74 — **Sèvres.** Pot à crème, à décor de guirlandes de lauriers et roses polychromes. Pâte tendre.

75 — **Sèvres.** Pot à crème, à bouquets de fleurs polychromes. Pâte dure.

76 — **Sèvres.** Deux pots à crème, décorés de guirlandes de lauriers s'entrelaçant à des guirlandes de roses. Pâte tendre.

77 — **Sèvres.** Pot à crème fond bleu turquoise, avec cartouche décoré d'oiseaux polychromes.

78 — **Sèvres.** Pot à crème, à bouquets de fleurs polychromes. Pâte tendre.

79 — **Sèvres.** Pot de toilette, décoré de bouquets de fleurs en camaïeu rose. Porcelaine tendre.

80 — **Sèvres**. Pot de toilette, décor de fleurs polychromes. Porcelaine tendre.

81 — **Tournai**. Pot à crème à bords gaufrés, décor de fleurettes en camaïeu bleu.

82 — **Vincennes**. Pot de toilette fond bleu, à réserves d'oiseaux polychromes. Pâte tendre.

83 — **Vineuf**. Deux pots à crème, décor de fleurs polychromes. Marqués.

84 — **Wedgwood**. Petit pot à pommade fond bleu. Porcelaine moderne.

85 — **Lot** comprenant vingt-sept couvercles en porcelaine de Chine, Mennecy, Saint-Cloud, etc.; deux tasses couvertes; un su-crier en Paris; deux moutardiers en Japon et en Tournai. (Sera divisé.)

FAIENCES ANCIENNES

86 — **Fabriques diverses**. Quatre pots à crème
en faïence blanche ou imprimée.

87 — **France**. Pot de toilette, décor de branchages bleus.

88 — **Luxembourg**. Deux pots à pommade, à
cannelures ondulées en relief. Décor de brindilles bleues.

89 — **Midi**. Pot à crème, décor de grosses roses
polychromes.

90 — **Montpellier**. Pot à crème, décor de fleurs
polychromes.

91 — **Pont-aux-Choux**. Deux pots à crème, décor
de fleurs en relief.

BRONZES, PENDULES
OBJETS VARIÉS

92 — Paire de vases en albâtre; monture en
bronze ciselé et doré. Commencement du
XIXᵉ siècle.

93 — Pendule d'applique et son socle vernis
Martin. Bronzes ciselés et dorés. Époque
Louis XV.

94 — Paire de candélabres, présentant deux
femmes en bronze patiné, tenant chacune
une branche à trois lumières en bronze ciselé
et doré. En partie de l'époque Louis XVI.

95 — Pendule en bronze ciselé et doré, présentant, au sommet : Diane tenant un oiseau
mort. Bas-reliefs à jeux d'amour. Fin du
XVIIIᵉ siècle.

96 — Socle en bois sculpté et doré, présentant
une feuille d'acanthe terminée par une co-
quille. XVIIᵉ siècle.

97 — Pendule en biscuit : Persée délivrant
Andromède. Époque Empire.

SIÈGES ET MEUBLES

98 — Table-console rectangulaire en acajou. Époque Louis XVI.

99 — Petite commode, de forme mouvementée, à trois tiroirs, en bois de placage. Époque Louis XV.

100 — Chiffonnier formant secrétaire, à cinq tiroirs et un abattant, en bois de placage. Époque Louis XVI.

101 — Commode en noyer à nombreux tiroirs. Epoque Louis XVI.

102 — Table à écrire en acajou, à deux plateaux et à colonnettes. Le dessus forme pupitre. Epoque Louis XVI.

103 — Bibliothèque à deux corps, marqueterie de filets, cannelures et rubans. Le bas forme bureau, à abattant. Epoque Louis XVI.

104 — Bureau plat en noyer. Epoque Louis XV.

105 — Armoire en marqueterie de bois de placage à filets. Epoque Louis XVI.

106 — Deux fauteuils bois peints, recouverts de tapisserie au point. Epoque Louis XVI.

107 — Quatre chaises à dossier droit. Montants et pieds cannelés à rudentures. Epoque Louis XVI.

108 — Porte-manteau en acajou et cuivre.

109 — Bureau plat, à quatre tiroirs, en bois de placage. Chutes, poignées, entrées et sabots en cuivre. XVIIIe siècle.

110 — Deux vitrines en acajou, dont le haut est constitué par des glaces et dont le bas forme buffet. Style Louis XVI.

111 — Objets omis.

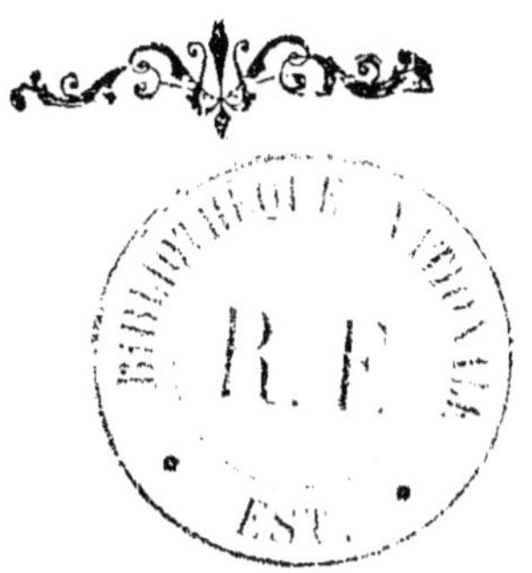